Werner Reckelkamm

Unsere TraumAUTOS
der 50er- und 60er-Jahre

Wartberg Verlag

Bildnachweis

Fotos Titelseite:
oben: Dr. Ing. h.c. F. Porsche AG; links unten: ullstein bild – Otfried Schmidt; rechts unten: picture-alliance/imagestate/HIP

Fotos Rückseite:
links von o. nach u.: Daimler AG, Stuttgart; picture-alliance/dpa; Daimler AG, Stuttgart; Daimler AG, Stuttgart; picture-alliance/imagestate/HIP
rechts von o. nach u.: ullstein bild – Imagebroker.net; picture-alliance/akg-images/Dieter E. Hoppe; Dr. Ing. h.c. F. Porsche AG, Stuttgart; ullstein bild; picture-alliance/chromorange

Fotos Innenteil:
Iris Völker, Kassel: S. 4; Petra Pondruff, Kassel: S. 5 unten; Werner Reckelkamm, Kassel: S. 3, 6 oben, 6 unten, 7 oben, 32 oben rechts, 39 unten, 45 unten; Heinze Mergell, Landwehrhagen: S. 22 Mitte, 26 oben; Joachim Schön, Kassel: S. 43 oben;
Auto-Salon-Singen GmbH, Singen: S. 40 beide, 42/43;
Daimler AG, Stuttgart: S. 12/13, 14 oben und unten, 15, 16/17, 18 oben, 18 unten, 19, 20, 21, 22 unten, 22 oben, 23, 24, 25;
Dr. Ing. h.c. F. Porsche AG, Stuttgart: S. 52/53, 54/55, 56 oben und unten, 57, 58, 59, 62/63;
picture-alliance/maxxppp: S. 10/11; picture-alliance/akg-images/Dieter E. Hoppe: 11 unten; picture-alliance/picture-alliance: 26 unten; picture-alliance/Mary Evans: 27 unten; picture-alliance/KPA/TopFoto: 28 unten; picture-alliance/dpa: 29, 31 oben, 32/33, 46 unten, 47 oben, 47 unten, 48, 49, 51 unten; picture-alliance/chromorange: 30/31; picture-alliance/dpa/dpaweb: 34/35, 46 oben; picture-alliance/Jelga Lade Fotoagentur GmbH, Ger: 36; picture-alliance/imagestate/HIP: 37, 38/39 oben, 38 unten, 50; picture-alliance/ASA: 51 oben;
ullstein bild – Imagebroker.net: 8, 28 oben; ullstein bild: 9, 41, 60, 61 unten; ullstein bild – Roger Viollet: 11 oben; ullstein bild – Popper Ltd: 27 oben; ullstein bild – Blume: 32 oben links; ullstein bild – Otfried Schmidt: 45 oben;
Volkswagen AG, Wolfsburg: S. 5 oben, 7 unten

Dank

Mein Dank gilt meinem langjährigen Freund Heinze Mergell, der mich mit Material aus seinem umfangreichen Archiv unterstützt hat und meiner autounkundigen Lebensgefährtin Dr. Helga Zöttlein, deren Verständnisfragen dazu beitrugen, das Buch für eine breite Leserschaft interessant zu machen.

Impressum

1. Auflage 2010
Alle Rechte vorbehalten, auch die des auszugsweisen Nachdrucks
und der fotomechanischen Wiedergabe.
Layout: Attila Jo Ebersbach, Kassel
Druck: Thiele & Schwarz, Kassel
Buchbinderische Verarbeitung: Büge, Celle

© Wartberg Verlag GmbH & Co. KG
34281 Gudensberg-Gleichen · Im Wiesental 1
Telefon (0 56 03) 9 30 50 · www.wartberg-verlag.de

ISBN: 978-3-8313-2227-5

Große und kleine Auto-Träume

Nach dem Debakel von 1945 fehlte es der Bevölkerung an den nötigsten Dingen, wie Nahrung, Kleidung oder auch einem Dach über dem Kopf. Nachdem die nötigsten Bedürfnisse befriedigt waren, wuchs der Wunsch nach Mobilität. Zunächst reichte ein Fahrrad oder ein motorisiertes Zweirad, um den Arbeitsplatz zu erreichen oder in der knappen Freizeit einen Ausflug zu unternehmen.

Motorrad fahren war in dieser Zeit längst nicht immer ein Spaß, sondern bittere Notwendigkeit. In den Wintermonaten, insbesondere bei Glätte, lagen die Nachteile der einspurigen Fahrzeuge auf der Hand bzw. die Fahrer öfter auf dem Hosenboden. Selbst wenn die Fahrt unfallfrei verlaufen war, klagten die schlecht geschützten Zweiradfahrer über verschmutzte oder durchnässte Kleidung und verfrorene Körperteile.

Was Wunder, wenn sich die Gespräche am Stammtisch intensiv mit dem Thema „Auto" beschäftigten. Die meisten konnten sich ihren Traumwagen nicht leisten, aber „Mann" war genauestens informiert und wusste

wortgewaltig für seinen Fahrzeugtyp zu argumentieren. Die Fraktionen teilten sich nach Marken, der Antriebsart, Bauweise des Motors und wie ein Motor zu kühlen sei.

Was den Erwachsenen recht war, war den kleinen und großen Jungs billig und wurde im Spiel umgesetzt. Beliebt war es, einen Blick auf den Tacho zu werfen und daraus messerscharf die erreichbare, mögliche Höchstgeschwindigkeit des Boliden zu ermitteln. Was auf dem Tacho stand, galt! Erweitert wurden die Kenntnisse über die Autowelt durch die beliebten Autoquartette. Hier waren Fahrzeuge abgebildet und beschrieben, die man leibhaftig nie oder nur mit großem Glück sehen konnte.

Zugang zur automobilen Welt hatte man nur im realen Straßenverkehr, wo sich meist nur mehr oder weniger marode Vorkriegsvehikel mühsam fortbewegten. Im Kino war die Traumwelt in Ordnung: Alles lief harmonisch, das Wetter war prachtvoll und der Kinobesucher sah die tollsten, neuesten Modelle der Hersteller. Damals wäre niemand auf den Begriff „Productplacement" gekommen ...
Die Wochenschau zeigte im Vorspann Bilder über Rekordversuche oder verwegene Kerle, die in aberwitzigem Tempo über winzige Straßen donnerten. Der Sieg bei einem großen internationalen Autorennen gab den Zuschauern ein Gefühl wie nach der Fußball WM 1954 in Bern: „Man ist wieder wer."

Stellvertretend für das einsetzende Wirtschaftswunder steht der VW Käfer, hier ein Exportmodell von 1956, restauriert vom Autor.

Karmann Ghia von 1959.

Karmann Ghia Typ 14

1955 wurde dem staunenden Publikum auf der Internationalen Automobilausstellung Frankfurt der Karmann Ghia (Sprich „Gia") vorgestellt. Der erste Prototyp wurde 1953 in Turin bei Ghia gebaut, der Osnabrücker Karosseriebauer Karmann übernahm die Produktion.

1955 musste ein Käufer 7 500 DM für den schnittigen Wagen bezahlen – ein hoher Preis im Vergleich z. B. zum Export-Käfer, der für 4 600 DM zu haben war. Trotzdem ging der ansehnliche Wagen weg wie das sprichwörtliche geschnittene Brot. Nach nur 14 Monaten waren die ersten 10 000 Verkäufe realisiert.

Dieser Traumwagen basierte auf der Technik des VW Käfers. Der Karmann Ghia vereinte die robuste und bewährte Technik des Käfers mit italienischem Design und einer aufwendigen und sorgfältig hergestellten Karosserie. Die Motorleistung entsprach der jeweils stärksten verfügbaren Version des Käfers (30–50 PS) und bot somit nicht unbedingt das, was die rassige Karosse versprach. Spötter verpassten ihm daher schnell den Spitznamen Sekretärinnen-Porsche oder Hausfrauen-Ferrari.

Heile-Welt-Filme der 50er- und 60er-Jahre mit z. B. Heinz Rühmann oder Heinz Erhardt trugen dazu bei, aus dem Karmann Ghia einen typischen Traumwagen zu machen. Da bekam doch das Zahnarzttöchterlein Biggi in dem Film „Meine Tochter und ich" (1963) vom Vati (Heinz Rühmann) zum 21. Geburtstag einen nagelneuen Karmann Ghia geschenkt. Heinz Erhard gewann als Hauptwachtmeister Eberhard Dobermann in dem Film „Natürlich die Autofahrer" (1959) bei einer Tombola ein Käfer Cabrio ...

Die Cabrio-Version erschien 1957 zum Preis von 8 250 DM und war somit neben dem Luxuskleinbus „Samba" das damals teuerste Fahrzeug im Hause Volkswagen. Im Jahre 1965 gesellte sich ein weiteres Coupé aus dem Hause VW und Karmann hinzu, das „große" Karmann Coupé, Typ 34. Hier bediente man sich der Technik des kantigen Typs 1500 S (Typ 3). Immerhin leistete der Wagen mit Zweivergaseranlage 54 PS.

Der Originalflügeltürer und sein Nachfolger (ab 1957) als Roadster mit konventionell angeschlagenen Türen.

Die Dynamik und Kraft des 300 SL ist auch im Stand spürbar.

BMW 507 Graf Goertz

Ein besonders schönes Auto wurde 1955 auf der IAA in Frankfurt/Main gezeigt, der BMW 507. Diesen Wagen hatte seinerzeit der in Amerika lebende Designer Graf Goertz gezeichnet. Als Antriebsquelle wurde erstmals ein Achtzylinder Leichtmetallmotor mit 3,2 Litern Hubraum und 150 PS verwendet. Leisten konnte sich diesen 26 000 DM teuren „Touring Sport Roadster" kaum jemand und so verwundert es nicht, das nur etwa 250 Stück, vornehmlich in die USA – u. a. an Elvis Presley – verkauft werden konnten. BMW hatte sich wohl eine größere Verbreitung erhofft, immerhin half der Wagen, den Ruf der Firma als Hersteller hochwertigster Fahrzeuge zu festigen.

Ein großer Moment für Elvis, aber wohl auch für seine Fans: Übergabe des BMW 507 an Elvis Presley.

Wie ein Düsenjet das Leitwerk streckt der Cadillac Eldorado seine Heckflossen in den Himmel.

Amischlitten

Jahrzehnte bevor Personenwagen in Europa standardmäßig zu einem Haushalt gehörten, waren sie in den USA weitverbreitet. Da es nur wenige Eisenbahnverbindungen gab, war das Auto häufig die einzige Möglichkeit, um in dem riesigen Land zu reisen. Schließlich stand das Flugzeug als Massentransportmittel noch nicht zur Verfügung.

Zu der weiten Verbreitung des Autos trug Henry Ford mit seiner „Tin Lizzy" (Blech Liesel, Ford Modell T) bei. Durch die Fertigung am Fließband, die preiswert herzustellenden Komponenten des Fahrzeugs und den daraus resultierenden günstigen Preis wurde das Modell T von 1908 bis 1928 mit rund 15 Mio. Exemplaren das meistverkaufte Fahrzeug der Welt und damit erst 1972 vom VW Käfer übertroffen.

Die Fertigung der „Straßenkreuzer" folgte in der Regel einem simplen Rezept: Man nehme einen stabilen Rahmen, einfache Starrachsen, einen nahezu unverwüstlichen Motor und verbessere diese Komponenten jährlich behutsam. Dazu kam ein Marketing, das sehr modern anmutet: Um den Verkauf der „neuen" Modelle immer wieder anzukurbeln, zeichnete man jedes Jahr eine veränderte Karosserie und präsentiere so einen „völlig" neuen Wagen.

Angeblich flossen Erkenntnisse aus dem Flugzeugbau in die Gestaltung der Karosserien, am Fahrzeugheck mündete das Seitenteil in die Stoßstange und die Rückleuchten, die wie Austrittsdüsen eines Düsenjets aussahen.

Stammtischgespräche

POOT-POOOT

Für uns damals halbwüchsige Jungs war es das Größte, einen US-Soldaten mit seinem Straßenkreuzer zu beobachten und vor allem zu hören. Nichts von einem heulenden, luftgekühlten Boxermotor oder dem Geknatter und der Ölfahne eines Zweitakters. Wenn der Fahrer eines Achtzylinders Gas gab, waren wir von dem Schraddeln und Bollern des Motors einfach hin und weg.
Und erst die Hupe: „Unsere" Autos machten nur schüchtern tüüt-tüüüt, da waren uns die Amis hoch überlegen, deren Autos machten poot-pooot, so ein bisschen wie ein Schiffshorn. Das wurde beim Spielen sofort umgesetzt. Matchboxmodelle aus Metall waren fürs Draußenspielen gemacht (Wikinger aus Plastik für drinnen) und so schoben wir unsere Mini Kreuzer möglichst laut poot-poootend durch den Spielsand.

Mit den Jahren wuchsen vielen Autos Heckflossen. Den Höhepunkt erreichten die „Leitwerke" des Cadillac Eldorado 1959, die angeblich die Fahrzeugstabilität bei höheren Geschwindigkeiten verbessern sollten, die jedoch tatsächlich keinerlei praktischen Nutzen nachweisen konnten.

Immer wieder wurden die Fahrer eines solchen Wagens auf den Benzinverbrauch angesprochen, verständlich, dass sie es nicht mehr hören konnten: „Was läuft denn da so durch …?" Oder aber: „Was frisst der denn so …?" Fakt ist, dass ein ordentlich gewarteter und moderat bewegter Achtzylinder durchaus mit 12 bis 13 Litern Benzin auf 100 km auskommt.

Ein Cadillac Eldorado Biarritz Baujahr 1959 mit 350 Pferdestärken unter der Haube.

Eine Corvette von 1961, jetzt mit V8 Motor.

Chevrolet Corvette

1953 zeigte die amerikanische Firma Chevrolet ihren Sportwagen „Corvette". Herausragendes Merkmal der neuen Corvette war die glasfaserverstärkte Kunststoffkarosserie, die nach der üblichen Verfahrensweise über die Technik aus der Großserie gestülpt wurde. Die Corvette besaß zunächst einen simplen Sechszylindermotor, der Fahrer musste sich mit etwa 150 PS begnügen. Der große Erfolg des „Sportwagens" blieb daher zunächst aus. Das änderte sich schlagartig mit dem 1955er-Modell, das nun von einem V8-Zylinder-Motor befeuert wurde.

Nun standen 225–290 PS zu Verfügung. Den Nachweis, dass es sich mit der Corvette nun um einen echten Sport- bzw. Rennwagen handelte, erbrachte der Amerikaner Briggs Cunningham mit drei vorbereiteten Wagen beim 24-Stunden-Rennen in Le Mans. Eine Corvette belegte den 8. Platz.

Der Erfolg der Corvette ist, dank kontinuierlicher Weiterentwicklung, bis heute ungebrochen, der Wagen leistet gegenwärtig bis zu sage und schreibe 647 PS (476 KW).

Eine Corvette, Modell 1953 mit 150 PS.

Dieses Foto entstand beim Besuch des Autors in Kalifornien bei Briggs Cunningham in dessen Privatmuseum.

Ford Thunderbird / DKW SP 1000

Zur Entstehungsgeschichte des Ford Thunderbird gibt es folgende Anekdote: Bei einem Rundgang der Führungsriege der Firma Ford auf dem Pariser Autosalon fielen ihnen die edlen Sportwagen der europäischen Hersteller auf. Als der Designer Walker gefragt wurde, warum Ford nicht auch so etwas anbieten könne, griff dieser zu einer Notlüge und behauptete, dass er und sein Team „bereits an so was arbeiten würden ..." Sofort wies Walker seine Leute an, mit der Arbeit an einem Sportwagen nach europäischem Vorbild zu beginnen.

Der Name „Thunderbird" (Donnervogel) wurde in einem internen Wettbewerb gefunden und ist einem indianischen Fabeltier entlehnt, das schnell und kraftvoll fliegt und mit seinem Flügelschlag Blitz, Donner und Regen bringt.

Thunderbird Innenraum.

Der Donnervogel wurde ab 1955 gebaut und kostete trotz V8 Motor und 193 PS nur knapp 3 000 US-Dollar.

Wer in solch einem Wagen sitzt, hat gut lachen: 55 PS, 140 km/h, 11 950 DM.

Im Jahr 1955 erschien als Konkurrenz zur Chevrolet Corvette der Ford Thunderbird: Ein wohlfeiles Angebot für knapp 3 000 US Dollar ohne Extras mit V8 Motor und 193 PS.

Die deutsche Antwort auf diesen amerikanischen Traum folgte 1957 mit dem DKW SP 1000. Als Basis für das Coupé und den Roadster diente hier einmal mehr die überarbeitete Technik und das Fahrgestell aus dem in Großserie hergestellten DKW 1000 S. Gebaut wurden 5000 Coupés und 1640 Roadster, die Karosserie stammte von der Fa. Baur. Der schicke Wagen kostete bei seinem Debüt in beiden Versionen 11 950 DM.

Die Panoramascheibe

Alles was aus Amerika kam, war gefragt, ob schwarzes Süßgetränk, Rock-'n'-Roll-Musik, Petticoats oder riesige Puter, und so wundert es nicht, dass Ende der 50er-Jahre eine Modewelle aus den USA nach Europa schwappte, die Autos betraf, genauer, deren Windschutzscheibe.

Die Panoramascheibe kam etwa ab Mitte 50er-Jahre in Mode. Zuvor war es nicht möglich, in der Großserie etwas anderes als plane Scheiben zu fertigen, auch ein Grund für den Mittelsteg (Brezelfenster) beim VW Käfer.

Die Panoramascheibe erhöhte die Übersicht auf die Straße, der Sichtwinkel vergrößerte sich auf über 100°. Diese neue Technik wurde z. B. beim Opel Kapitän, der deutschen Antwort auf den Cadillac, eingesetzt. Eitel Sonnenschein über diese Errungenschaft? Nicht ganz. Den stolzen Eigentümern des Opel Kapitän drohten Knieverletzungen. Warum? Manch einer mag sich daran erinnern, dass die mächtige Windschutzscheibe zu weit in den Türausschnitt ragte. Beim Einstieg war ein schmerzhafter Kontakt zwischen Scheibe und Knie fast unvermeidlich. Man nahm das stoisch hin, wer schön sein will ...

Ein Aha-Erlebnis hatte, wer beispielsweise in einen 55er Ford Thunderbird einstieg. Überrascht konnte derjenige feststellen, dass der deutsche Schrumpfungsprozess der amerikanischen Modelle der Grund dafür war, dass diese gefährliche Enge im Einstieg entstand.

Auf diesen Fotos werden die Größenverhältnisse zwischen dem amerikanischen Ford Thunderbird und dem deutschen Opel Kapitän, besonders im Einstiegsbereich, deutlich.

Die lieben Kleinen

Kinder und
ihre Traumwagen

Am nähesten kamen wir Jungs unseren Traumwagen durch das Autoquartett. Natürlich wurden keine Vierergruppen gesammelt, das war nur was für die Mädchen: Für echte Kerle kam als Gewinnkriterium nur der Wettbewerb um Leistungsdaten infrage: 100 PS-95 PS hieß: Die unterlegene Karte abgeben. Höchstgeschwindigkeit 160-150. Her damit. Das ging so lange, bis der Gewinner alle Karten in der Hand hielt. Mischen, neues Spiel: Erste Stelle - zweite Stelle. Her damit. Mit der Stelle konnte man mit unterlegenem Material sogar einen Jaguar E oder einen absoluten Favoriten wie den Facel Vega gewinnen.

Zu Beginn der 1950er-Jahre war der Mensch schon froh, wenn er wenigstens ein Zweirad, ob motorisiert oder nicht, besaß. Mit dem aufkommenden Wirtschaftswunder und mit ein wenig Geld in der Tasche wuchs der Wunsch, endlich auch ein Dach über dem mobilen Kopf zu haben. Und so ist es durchaus berechtigt, auch einfachst ausgestatte und motorisierte Fahrzeuge als Traumwagen zu bezeichnen.

Neben dem relativ günstigen Preis sprach für diese Fahrzeuge, dass sie mit ihren 250 ccm mit dem damaligen Motorradführerschein Klasse 4 bis eben zu diesem Hubraumlimit gefahren werden durften. Somit brauchte der Fahrer nicht erneut zur Fahrschule. Spötter sprachen gern auch von „Prüfungsangstmobilen".

Populärste Vertreter dieser Gattung waren sicherlich die BMW Isetta und das Goggomobil von der Firma Glas. Für diese Fahrzeug hatte der Volksmund schnell Spitznamen parat: Die Isetta wurde u. a. wegen der nach vorn öffnenden Einzeltür mit „Macht hoch die Tür, die Tür macht weit" tituliert oder wegen der Schwierigkeit, durch die Lage der Räder die zahlreichen damaligen Straßenschäden zu umfahren, als „Schlaglochsuchgerät" bezeichnet.

Der Goggo kam, insbesondere als Coupé, mit richtigen Rädern, an jeder Ecke eines und einer vollwertigen Karosserie wesentlich besser weg. Hart traf es die Besitzer eines Messerschmitt Kabinenrollers. Wegen der rundum durchsichtigen Plexiglaskuppel wurden sie als „Menschen in Aspik" verlacht. Wobei man die Leistungsfähigkeit des Topmodells Tg (genannt Tiger) 500 nicht verachten sollte. Immerhin etwa 20 PS leistete das gute Stück und katapultierte das Rollermobil auf 125 km/h! Zum Vergleich: Der Käfer schaffte es seinerzeit nur gut auf 110 km/h. Der kleine Lloyd hatte es mit seiner Kunstleder/Sperrholzkarosse auch nicht leicht, vor dem kritischen Publikum zu bestehen: „Leukoplastbomber" war noch harmlos, der Spruch „Wer den Tod nicht scheut, fährt Lloyd" konnte den stolzen Besitzer bis ins Mark treffen.

Ein weitere Besonderheit des Automobilbaus bot die Motorradfabrik Zündapp an: Den „doppelgesichtigen" Janus: In diesem Mobil saßen die Passagiere Rücken an Rücken, der Motor befand sich zwischen den Sitzen in der Mitte des Fahrzeugs und, ähnlich wie eine Rangierlokomotive, sah der Janus von vorn und von hinten fast gleich aus. Diese Faktoren ergaben den Vorteil einer guten Straßenlage durch den günstigen Schwerpunkt und der Lage des Triebsatzes. Für die Herstellung mussten nur wenige unterschiedliche Karosserieteile gepresst werden. Schön für den Konstrukteur und die Kaufleute mir dem spitzen Stift, schlecht für die Kinder, die gegen die Fahrrichtung im Heck sitzen mussten, was zu Übelkeit führte und dazu, dass die geplagten Kleinen regelmäßig kotzten ... und somit schlecht für die erhofften hohen Verkaufszahlen (nur 6 900 Stück wurden abgesetzt).

Ein schickes Auto für schöne Frauen: Die Isetta von BMW.

Dieses Goggomobil verrichtete nach einer Restauration durch den Autor auch noch in den späten 8oer-Jahren seinen Dienst. Seine 13,6 PS aus 250 ccm reichen aus, um im Stadt- und Landstraßenverkehr „mit-zuschwimmen".

Auch als Coupé war das Goggomobil mit 70 000 Exemplaren ein Verkaufsschlager.

Der Messerschmitt Tg 500 (Tiger) trumpft mit 19,5 PS aus 500 ccm auf. Ein Verkaufserfolg war dem schnellen Rollermobil mit nur etwa 250 Stück leider nicht beschert, heute gehört der vierrädrige „Tiger" zu den gesuchtesten Kleinstwagen für Liebhaber von Oldtimern.

Der Lloyd 250 wurde schon für 2 980 DM in der Grundausstattung angeboten. Allerdings musste der Käufer für „Sonderzubehör", wie Stoßstangen, Radkappen, Zierleisten und sogar den Rücksitz extra bezahlen. In der „Vollausstattung" waren dann 3 350 DM fällig.

Die Eckdaten des Zündapp Janus liegen mit 14 PS und 80 km/h durchaus im damals üblichen Bereich, auch die Karosserieform ist ansprechend. Vielleicht hätten die Hersteller mehr als nur 6 900 Stück verkaufen können, wenn nicht der Rücksitz gegen die Fahrrichtung einbaut worden wäre.

Austin Mini

Der Austin Mini wurde von Alec Issigonis entwickelt und erschien 1959. Ursprünglich war nur daran gedacht, ein billiges und einfaches Gefährt wie den 2 CV oder den VW Käfer zu bauen. Issigonis realisierte jedoch in seinem Konzept einige revolutionäre Ideen, mit denen er seiner Zeit weit voraus war: So wurde erstmals das Getriebe unterhalb des Motors und vor der Vorderachse untergebracht, um die Baulänge zugunsten der Fahrgäste zu sparen. So kam der Mini auf bescheidene 3 m Außenlänge. Um noch mehr Platz zu sparen, erhielt der Mini winzige 10-Zoll-Räder.

Der Austin Mini, (ursprünglich auch Austin Seven oder Morris Minor genannt), 4 Zylinder 4-Takt, 848 ccm, 34,5 PS, ab 1959.

Stammtischgespräche

Von vorne oder hinten?

Leidenschaftliche Auseinandersetzungen kreisen um die technische Ausführung der Fahrzeuge: Frontantrieb oder Heckantrieb, was ist besser?

Contra Frontantrieb konnte das Argument lauten, dass eine Achse die Motorkraft auf die Straße und gleichzeitig die Lenkkräfte übertragen musste. Das könne doch nicht gut gehen, hieß es vonseiten dieser Fraktion, weil das Material diese Doppelbelastung nur unzureichend erfüllen könne. Und: Eine Schubkarre wird ja schließlich auch geschoben und nicht gezogen!

Die Befürworter des Frontantriebs hoben dagegen die Gewichtsersparnis hervor, den geringeren Platzbedarf (kein Kardantunnel, größerer Kofferraum) und dass das Fahrzeug durch die Kurve gezogen werde, wodurch es nicht übersteuert bzw. das Heck nicht ausbricht (Käfer = Heckschleuder).

Das 1959er Ur-Modell (links) unterscheidet sich kaum von einem Mini aus dem Jahr 1994.

Mini Cooper

Kultstatus erlangte der Mini erst mithilfe eines gewissen John Cooper. Der Rennwagenbauer zauberte aus der kompakten Antriebseinheit die erste Sportversion des Mini „Cooper" mit 55 PS (Serie 34,5 PS), der Nachfolger „Cooper S" brachte es bereits auf 68 PS. Mit verbesserten Bremsen und Fahrwerk schuf Cooper ein respektables Rallyefahrzeug, das den stärkeren und größeren Konkurrenten nur so um die Ohren fuhr: So schafften es Paddy Hopkirk und sein Copilot Henry Liddon sich 1964 bei der Rallye Monte Carlo gegen die übermächtigen Amerikaner in ihrem mächtigen Ford Falcon mit einem hauchdünnen Vorsprung als Gesamtsieger durchzusetzen.

Im folgenden Jahr brillierten der Finne Timo Mäkinen und Paul Easter, die ihren Mini Cooper bei widerwärtigstem Winterwetter durch die beherzte Fahrweise Mäkinens und die souveräne Regie Easters, trotz eines Fehlers im Zündverteiler, zum Sieg brachten.

Zum Eklat kam es 1966: Nach zwei hintereinander gewonnen Rallyes gönnte man den Minis offenbar keinen weiteren Sieg. Am Ende eines Rennens, das Timo Mäkinen vor Paddy Hopkirk souverän gewonnen hatten, nahm die französische Rennleitung deren Wagen stundenlang bis in die letzte Schraube auseinander und wurde „fündig": Angeblich waren die Scheinwerfer in dieser Form nicht zugelassen und die Minis wurden disqualifiziert. Die Rallye-Szene war schockiert.

Rache ist ein Gericht, das man am besten kalt genießt: 1967 plante der Hersteller der Mini (BMC: „British Motor Cooperation") den Einsatz der Fahrzeuge besonders akribisch, um die ungebrochene Überlegenheit ihres Rennstalls auf einer weiteren Rallye unter Beweise stellen zu können. Zwar wurde Mäkinen Opfer eines Steinschlages, dafür konnte sich Ranno Aaltonen an die Spitze setzen und den dritten Sieg einfahren. Mini war Gewinner der Rallye Monte Carlo in den Jahren 1964, 1965 und 1967!

Ein Mini Cooper S, Teilnehmer an der Rallye Monte Carlo im Jahr 1965.

Oben:
Szene von der Rallye
Monte Carlo 1965. Die
Erschöpfung ist der
Besatzung anzuschen.

Timo Mäkinen und
Paul Easter bei einer
Durchfahrtskontrolle in
Frankfurt/Main auf dem
Weg zur Rallye
Monte Carlo 1965.

Porsche

Ferdinand Porsche konstruierte zwei Erfolgsmodelle: Den Porsche 356 und den VW Typ 1. Hier posierte sein Sohn Ferry Porsche 1958 mit Exportmodellen für den US-amerikanischen Markt.

Porsche 356

Ein echter Meilenstein der frühen 1950er-Jahre ging in Stuttgart Zuffenhausen in Zusammenarbeit mit der renommierten Karosseriefirma Reutter in Serie: Der Porsche mit der Werknummer 356. (Foto Knickscheibe). Die ersten 52 Fahrzeuge des 356ers wurden noch unter einfachsten Verhältnissen in den sogenannten „Vereinigten Hüttenwerken" gebaut, einem Konstruktionsbüro, das in den 40er-Jahren nach Gmünd/Kärnten ausgelagert worden war.

Der 356 sollte den Sportwagenmarkt für über 15 Jahre um eine höchst attraktive Variante bereichern. Erdacht wurde der 356 als sportliche Variante des VW Käfers 1948 von Ferry Porsche. Sein Vater Ferdinand Porsche hatte Ende der 1930er-Jahre mit hervorragenden Mitarbeitern die Konzeption des VW Typ 1 festgelegt, auf die sein Sohn mit dem 356 aufbaute.

Auf dem Grundmuster des Käfers wurde eine schicke Außenhaut modelliert, der Motor zunächst vor die Hinterachse gesetzt und wesentlich mehr Leistung als dem Käfer spendiert. Aus den 24.5 PS des Käfers wurden so deren 40. Diese Leistung verhalf dem Wagen zu einer Höchstgeschwindigkeit von 140 km/h in der ersten serienmäßigen Version.

In den folgenden Jahren gesellten sich neben werksmäßigen Coupé- und Cabrioletausführungen auch andere Karosseriehersteller wie Drauz, Abarth, Karmann oder eben Reutter hinzu.

Die Motorleistungen waren von den bescheiden anmutenden 40 PS auf bis zu 130 PS beim 356 C 2000 GS Carrera 2 gestiegen. Die mögliche Höchstgeschwindigkeit lag nun im Bereich der magischen Grenze von 200 km/h.

Einen für die Dame, einen für den Herrn: der Porsche 356 Speedster und der 356 A.

Ein Cabrio von 1948, das in Gmünd in Österreich gefertigt wurde.

Ein Porsche 911 von 1970 – das Traumauto schlechthin für viele.

Verschenken Sie Kindheits- und Jugenderinnerungen...

Das ganz persönliche Geschenkbuch **„WIR vom Jahrgang"**

ist erhältlich für alle Jahrgänge von

1922 bis 1992
Die Reihe wird fortgesetzt.

Die Jahrgangsbände gibt es auch als Ausgabe **„Aufgewachsen in der DDR"**.
Geschrieben von Autoren, die selbst im jeweiligen Jahr geboren wurden und ihre Kindheit und Jugend in der DDR verbracht haben.
Erhältlich für alle Jahrgänge von

1935 bis 1989

Die neue Buchreihe **„Aufgewachsen in ..."**

ist ein Geschenk für alle, die sich gerne an die Kindheit und Jugend in ihrer Stadt erinnern.

Für Aachen, Bremen, Chemnitz, Darmstadt, und über 60 andere Städte in Deutschland!

Für verschiedene Dekaden 40er & 50er, 60er & 70er, 80er & 90er erhältlich.

www.kindheitundjugend.de

KÖNIGLICHES HOSPITAL
FÜR FRAUEN UND KINDER.

KINDER!

HERR DIREKTOR! HERR DIREKTOR!

HERR DIREKTOR!

ES GEHT WIEDER LOS! KOMMEN SIE SCHNELL!

WILMA.

SIND SIE DA OBEN?

ICH WEISS ES NICHT, HERR DIREKTOR. ICH WAR EINGENICKT UND...

NA, NA, MEINE LIEBE, BERUHIGEN SIE SICH.

ES IST NICHT SCHLIMM...

GEHEN SIE UND SAGEN SIE DOKTOR MORTEMA-NUS, ER SOLL ZU UNS NACH OBEN KOMMEN.

HIIII!!! DOKTOR, HABEN SIE MICH ERSCHRECKT!

GEHEN WIR, WILMA, ES WIRD ZEIT!

IMMER UM MITTER-NACHT, WIE ICH ES IHNEN SAGTE! UND DIESMAL HABE ICH EIN AUFNAHME-GERÄT DABEI!

BEEILUNG, SIE HABEN SCHON ANGEFANGEN.

3

ABER HERR DIREKTOR,... WIR KÖNNEN DIE KINDER DOCH NICHT IN DIESER KÄLTE RUMSPAZIEREN LASSEN!

HÖREN SIE AUF, WILMA,... SIE WISSEN DOCH, DASS WIR SIE NICHT AUFHALTEN KÖNNEN.

WOLLEN SIE DAS IN ALLE EWIGKEIT MIT ANSEHEN? DAS GEHT JETZT SCHON MEHRERE WOCHEN SO, JEDE NACHT!

TJA, ALSO,... ICH WEISS NICHT,...

DEN MINISTER ANRUFEN?

SAGEN SIE, WILMA... FINDEN SIE DOKTOR MORTEMANUS NICHT AUCH ETWAS,... WIE SOLL ICH SAGEN,...

VERWIRRT?

GANZ GENAU,... SIE SPRECHEN MIR AUS DER SEELE.

FLOTCH

5

EINIGE TAGE SPÄTER, IN DER
WOHNUNG VON KASIMIR DUPREY.

AUFSTEHEN,
MEIN JUNGE, ES
IST ACHT UHR.

NANNY!

LOS, HOCH MIT
IHNEN, KASIMIR,
ES WIRD ZEIT.

EIN ABGESANDTER
DES MINISTERIUMS
WARTET SCHON SEIT
EINER STUNDE IM
EMPFANGSRAUM
AUF SIE.

DES
MINISTERIUMS?

ICH BIN
GLEICH DA!

AUF, AUF,
JUNGER MANN!
DAS IST NICHT
DER MOMENT, UM
TRÄGE ZU WERDEN,
WIR KOMMEN
NOCH ZU
SPÄT!

AM SELBEN MORGEN, ÜBER HARTCOURT MANOR GEHT DIE SONNE AUF.

DANKE, LI, ICH GEHE AUF MEIN ZIMMER.

ICH WERDE FERTIG SEIN, WENN ER KOMMT.

ABER WIR ERWARTEN NIEMANDEN, MADAM,...

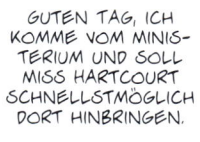

GUTEN TAG, ICH KOMME VOM MINISTERIUM UND SOLL MISS HARTCOURT SCHNELLSTMÖGLICH DORT HINBRINGEN.

ICH BEDAURE, ABER MISS HARTCOURT IST NICHT,...

SCHON GUT, LI, ICH SAGTE DOCH, ICH WÜRDE FERTIG SEIN,...

UND DAS BIN ICH.

GEHEN WIR.

UND HALTEN SIE BITTE IHREN MUND.

9

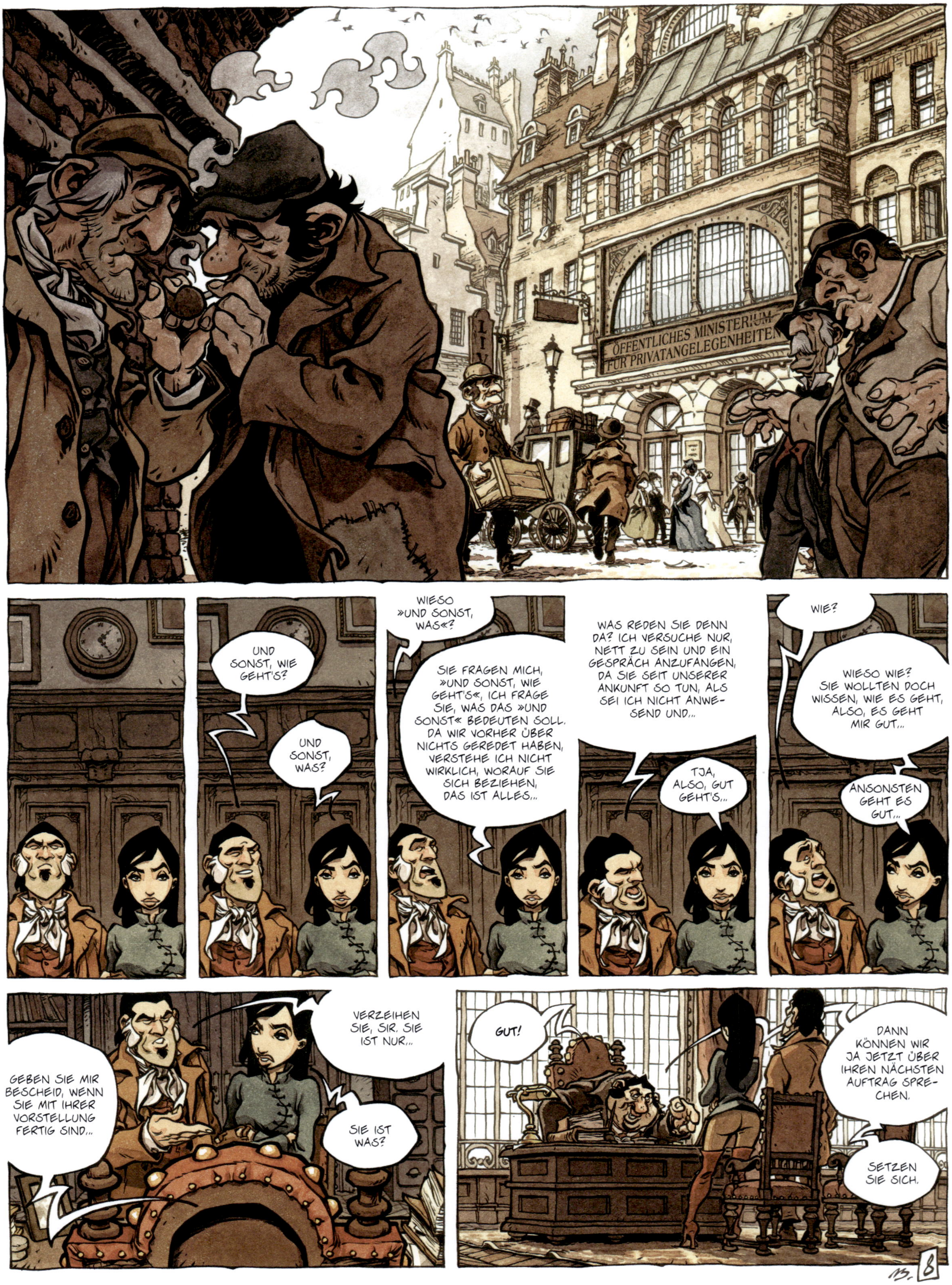

ÖFFENTLICHES MINISTERIUM FÜR PRIVATANGELEGENHEITEN

UND SONST, WIE GEHT'S?

UND SONST, WAS?

WIESO »UND SONST, WAS«?

SIE FRAGEN MICH, »UND SONST, WIE GEHT'S«, ICH FRAGE SIE, WAS DAS »UND SONST« BEDEUTEN SOLL. DA WIR VORHER ÜBER NICHTS GEREDET HABEN, VERSTEHE ICH NICHT WIRKLICH, WORAUF SIE SICH BEZIEHEN, DAS IST ALLES...

WAS REDEN SIE DENN DA? ICH VERSUCHE NUR, NETT ZU SEIN UND EIN GESPRÄCH ANZUFANGEN, DA SIE SEIT UNSERER ANKUNFT SO TUN, ALS SEI ICH NICHT ANWESEND UND...

TJA, ALSO, GUT GEHT'S...

WIE?

WIESO WIE? SIE WOLLTEN DOCH WISSEN, WIE ES GEHT, ALSO, ES GEHT MIR GUT...

ANSONSTEN GEHT ES GUT...

VERZEIHEN SIE, SIR. SIE IST NUR...

GEBEN SIE MIR BESCHEID, WENN SIE MIT IHRER VORSTELLUNG FERTIG SIND...

SIE IST WAS?

GUT!

DANN KÖNNEN WIR JA JETZT ÜBER IHREN NÄCHSTEN AUFTRAG SPRECHEN.

SETZEN SIE SICH.

SIE KENNEN SICHER DAS KÖNIGLICHE HOSPITAL FÜR FRAUEN UND KINDER?

ES WIRD VON AMILCAR ZIEHFUSS GELEITET, EINEM EHEMALIGEN KOLLEGEN VON MIR.

NUN, WIR HABEN VOR EINER WEILE MEHRERE ANONYME MELDUNGEN ERHALTEN, DIE VON EINEM SELTSAMEN PHÄNOMEN BERICHTEN, DAS SICH JEDEN ABEND IN DIESER ANGESEHENEN EINRICHTUNG ABSPIELT, UND DAS SCHON SEIT MEHREREN WOCHEN.

JEDEN ABEND ALSO, GEGEN MITTERNACHT, ERHEBEN SICH SIEBEN KINDER, DIE IN JENEM HOSPITAL WEILEN, WIE SCHLAFWANDLER, STEIGEN AUF DAS DACH DES GEBÄUDES UND FÜHREN EINE SELTSAME ZEREMONIE DURCH,...

SIE STELLEN SICH IM KREIS AUF, IMMER IN DER GLEICHEN POSITION, UND SCHAUKELN MIT IHREN KLEINEN ARMEN IN DER LUFT, GLEICH ÄSTEN IM WIND, VERDREHEN DABEI DIE AUGEN UND VERZIEHEN DEN MUND!

DANN STIMMEN SIE EINEN MERKWÜRDIGEN SINGSANG IN EINER UNBEKANNTEN SPRACHE AN, DER EINE HALBE STUNDE LANG DAUERT...

AM ENDE GEHEN DIE ERSCHÖPFTEN, KLEINEN KÖRPER WIEDER ZU BETT UND SCHLAFEN BIS ZUM MORGEN. SIE WACHEN SODANN ERFRISCHT AUF UND ERINNERN SICH NICHT AN IHREN NÄCHTLICHEN AUSFLUG,...

SIE WERDEN MIR SCHLEUNIGST LICHT IN DIESEN FALL BRINGEN, ABER OHNE WIRBEL ZU VERURSACHEN, DAMIT DER GUTE RUF DER EINRICHTUNG NICHT BESUDELT WIRD!

VERSTANDEN?

UND JETZT LOS, AN DIE ARBEIT!

9

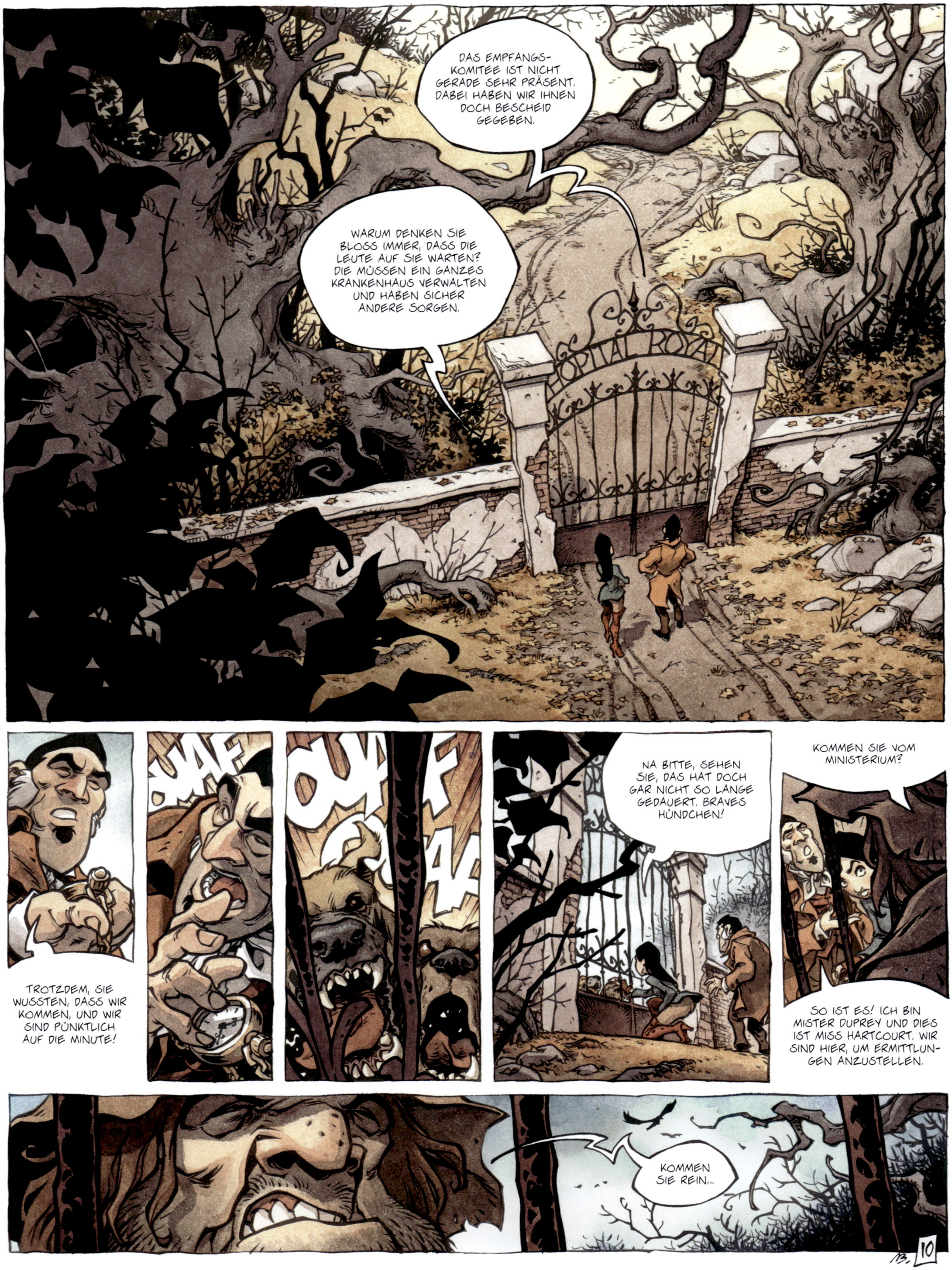

DAS EMPFANGS-
KOMITEE IST NICHT
GERADE SEHR PRÄSENT.
DABEI HABEN WIR IHNEN
DOCH BESCHEID
GEGEBEN.

WARUM DENKEN SIE
BLOSS IMMER, DASS DIE
LEUTE AUF SIE WARTEN?
DIE MÜSSEN EIN GANZES
KRANKENHAUS VERWALTEN
UND HABEN SICHER
ANDERE SORGEN.

NA BITTE, SEHEN
SIE, DAS HAT DOCH
GAR NICHT SO LANGE
GEDAUERT. BRAVES
HÜNDCHEN!

TROTZDEM, SIE
WUSSTEN, DASS WIR
KOMMEN, UND WIR
SIND PÜNKTLICH
AUF DIE MINUTE!

KOMMEN SIE VOM
MINISTERIUM?

SO IST ES! ICH BIN
MISTER DUPREY UND DIES
IST MISS HARTCOURT. WIR
SIND HIER, UM ERMITTLUN-
GEN ANZUSTELLEN.

KOMMEN
SIE REIN...

DANKE, SIE SIND SEHR FREUNDLICH.

WARUM NENNEN SIE IHN NICHT GLEICH SÜSS, WO SIE SCHON MAL DABEI SIND?

GUTEN TAG! ICH VERMUTE, SIE SIND DIE ERMITTLER, DIE MINISTER POMEROL UNS SCHICKEN WOLLTE?

ICH BIN AMILCAR ZIEHFUSS, DER DIREKTOR DIESER HERAUSRAGENDEN EINRICHTUNG. DIES SIND MEINE KOLLEGEN...

DOKTOR RUFUS MORTEMANUS, DER DIE THERAPIE ÜBERWACHT,...

SCHWESTER WILMA, DIE SICH UM DIE ALLTÄGLICHEN BEDÜRFNISSE DER KINDER KÜMMERT,...

AGAMEMNON, UNSEREN AUFSEHER, KENNEN SIE JA BEREITS.

IN DER TAT, WIR HÄTTEN SCHON DAS VERGNÜGEN,...

ALSO, WAS KÖNNEN SIE UNS ÜBER DIE KINDER SAGEN?

DAZU KOMMEN WIR GLEICH,... TRETEN SIE EIN, MEINE FREUNDE, WIR ZEIGEN IHNEN DAS HAUS, WÄHREND DOKTOR MORTEMANUS IHNEN DEN SACHVERHALT SCHILDERT. LORD POMEROL SOLLTE SICH WEGEN DIESER LAPPALIE KEINE SORGEN MACHEN. WIR HABEN DIE SITUATION IM GRIFF.

NUN GUT, WIR SIND GANZ OHR, VEREHRTER HERR DOKTOR...

ES HANDELT SICH UM EINEN AUSSERGEWÖHNLICHEN FALL VON SIEBEN KINDERN, DIE VON DER POLIZEI IN EINER WALD-LICHTUNG IM SÜDEN DER HAUPTSTADT AUF-GEGRIFFEN WURDEN...

ALS SIE BEI UNS EINTRAFEN, WAREN SIE IN EINEM KATATONI-SCHEN ZUSTAND UND...

WIE SIE SEHEN KÖNNEN, SIND WIR EINE ANGESEHENE EINRICHTUNG! WIR HABEN DIESE KINDER AUFGENOMMEN, WEIL MAN SIE UNS DURCH UNSERE NÄHE ZUR LICHTUNG ZUGEWIESEN HAT, ANDERN-FALLS...

WER SIND DIESE KINDER? KONNTEN SIE SIE IDENTIFI-ZIEREN?

DAS BEREITETE UNS GROSSE MÜHEN, DENN KEINES VON IHNEN STAMMT AUS DER GEGEND.

DAS IST WIRKLICH SEHR SELTSAM...

ALL DIESE KINDER WAREN SEIT ETWA EINER WOCHE AUF MYSTERIÖSE WEISE VON ZUHAUSE VERSCHWUNDEN, BEVOR MAN SIE HIER AUF DER LICHTUNG WIEDERFAND...

ZUMAL ICH IN DER KRANKENHAUSAKTE GELESEN HABE, DASS AUCH MEHRERE IHRER ANGESTELLTEN IN DEN LETZTEN MONATEN VERSCHWANDEN...

14

OH JA,.. DAS IST RICHTIG,..

ABER DIE VOM MINISTERIUM VERANLASSTEN ERMITTLUNGEN VERLIEFEN IM SANDE.

ALLERDINGS, UNSER KOLLEGE, DER MIT DEM FALL BEAUFTRAGT WAR, IST EBENFALLS VERSCHWUNDEN,..

AH, DAS WUSSTE ICH NICHT,.. MEIN FREUND, SIR POMEROL, HAT MICH NICHT DARÜBER INFORMIERT.

IHR FREUND?

KOMMEN WIR NUN WIEDER AUF DIE KINDER ZURÜCK, HERR DOKTOR. WAS HABEN SIE HERAUSGEFUNDEN, ALS SIE SIE UNTERSUCHT HABEN?

NEHMEN SIE ES MIR BITTE NICHT ÜBEL, VEREHRTESTE, ABER DER DOKTOR MUSS SICH AN DIE ÄRZTLICHE SCHWEIGEPFLICHT HALTEN UND KANN DERARTIGE INFORMATIONEN KEINESFALLS AUSPLAUDERN.

ABER WIR KÖNNEN IHNEN EINE KOPIE DER VERWALTUNGSAKTE DER KINDER AUSHÄNDIGEN!

WIRKLICH ZU GÜTIG,..

ICH VERSICHERE IHNEN, DASS SIE IN GUTEN HÄNDEN SIND! ICH VERFOLGE IHRE ENTWICKLUNG SEHR AUFMERKSAM, UND SCHWESTER WILMA UNTERSTÜTZT MICH DABEI TATKRÄFTIG.

KOMMEN SIE, HIER SPIELT DIE MUSIK.

15

DANN IST DIES ALSO IHR SPRECHZIMMER?

SO IST ES.

DANK MEINER SENSOREN KANN ICH DIE LEISTUNGEN DER KINDER AUFZEICHNEN.

ICH WERDE DIESE BILD-, TON- UND ENERGETIK-AUFNAHMEN FÜR MEINE VERÖFFENTLICHUNG AN DER AKADEMIE FÜR MEDIZIN VERWENDEN KÖNNEN.

DESHALB KANN ICH IHNEN, SOLANGE ICH MEINE STUDIEN NICHT BEENDET HABE, DIE KRANKENAKTE NICHT ZEIGEN,...

DA SIE UNSERE FRAGEN NICHT BEANTWORTEN KÖNNEN, WERDEN WIR DIE KINDER BEFRAGEN.

NA JA, ALSO,...

MIT SICHERHEIT NICHT! ICH KANN IHNEN NICHT ERLAUBEN, SIE ZU SEHEN. DIESES GESPRÄCH IST HIERMIT BEENDET. ERMITTELN SIE WOANDERS. IN MEINEM KRANKENHAUS WERDEN SIE NICHTS FINDEN, WAS IHNEN WEITERHILFT!

NUN MACHEN SIE MAL HALBLANG! SIE WERDEN UNS JETZT GANZ FIX ZU DEN KINDERN BRINGEN!

DROHEN SIE MIR?

KEINESFALLS.

MISTER DUPREY WILL IHNEN NUR BEGREIFLICH MACHEN, DASS SIE EINE MINISTERIELLE ERMITTLUNG BEHINDERN.

ALS LEITER DES KRANKENHAUSES WERDE ICH IHNEN NICHT ERLAUBEN, DIE FORSCHUNGEN VON DOKTOR MORTEMANUS ZU BEHINDERN UND NOCH WENIGER, DEN EXZELLENTEN RUF DIESES HAUSES ZU BESCHMUTZEN!

DA SIE ES AUF DIE FREUNDLICHE ART NICHT ZU VERSTEHEN SCHEINEN, WERDEN WIR EBEN ANDERE METHODEN AUFZIEHEN!

AGAMEMNON!

ICH GLAUBE NICHT, DASS ES NÖTIG IST, ZU EXTREMEN MITTELN ZU GREIFEN.

SIE WOLLEN NICHT, DASS WIR DIE KINDER SEHEN, NA SCHÖN.

DANN UNTERSUCHEN WIR IHRE VERGANGENHEIT, FINDEN HERAUS, WER SIE VOR IHRER ANKUNFT WAREN.

ABER DANACH KOMMEN WIR MIT SICHERHEIT WIEDER, UND ICH RATE IHNEN DRINGEND, DANN MIT UNS ZU KOOPERIEREN.

DIE WÄREN WIR LOS.

SEHEN SIE ZU, DASS SIE IN ZUKUNFT ETWAS MEHR HALTUNG UND SELBSTBEHERRSCHUNG ZEIGEN, WILMA.

WIR HABEN DOCH ALLES FÜR DAS WOHLERGEHEN DER KINDER GETAN, HABE ICH RECHT, DOKTOR?

NATÜRLICH, HERR DIREKTOR. ICH MACHE MICH WIEDER AN MEINE EXPERIMENTE.

17

16

DIE LUFT
IST REIN...

MEINE LIEBE ARTEMIS,
NIE HÄTTE ICH MIR TRÄUMEN
LASSEN, SIE MAL IN EINER
SOLCH... KNAPP SITZENDEN
BEKLEIDUNG ZU SEHEN.

LIEBER WÄRE
ES MIR, WENN
SIE SICH GAR
NICHT DAMIT
BESCHÄFTIG-
TEN, WELCHE
KLEIDUNG ICH
TRAGE... GEHEN
WIR.

CLIC

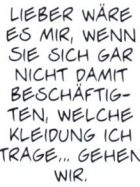

ICH HABE DIE BAUPLÄNE
STUDIERT, DIESE TREPPE FÜHRT
ZUM DACH. WIR MÜSSEN UNS
BEEILEN, ES IST GLEICH
MITTERNACHT!

GEHEN SIE
ALLEIN AUFS
DACH, ICH KOMME
NACH. ICH MUSS
VORHER NOCH
ETWAS ÜBER-
PRÜFEN...

UND KEINE
SORGE, ICH WERDE
VOR MITTERNACHT
DA SEIN.

HERRJE! WO
BLEIBT SIE DENN?
ES IST GLEICH...

17

19

DA SIND
SIE JA,...

DIES WIRD MIT
SICHERHEIT EINE
ERFOLGREICHE
SÉANCE,...

DIE
BEDINGUN-
GEN SIND
PERFEKT!

EIN GLÜCK, DASS ES
HEUTE ABEND NICHT
REGNET!

ICH WERDE
GUTE AUFNAH-
MEN MACHEN
KÖNNEN.

NATÜRLICH,
ICH WILL DIESE
VORSTELLUNG
UM KEINEN
PREIS VER-
PASSEN.

DAS IST
FANTASTISCH!

WAS TUN
SIE DA?

ICH MACHE
NOTIZEN. UND
SIE TUN WIE
IMMER NICHTS,
ODER?

NUN JA, DOCH, ICH,...
ICH GLAUBE, ICH
WERDE MEINE HÄNDE
HOCHHEBEN,...

WEN
HABEN
WIR DENN
DA,...

RAUS
DA, ABER
SCHNELL!

20

WAS FÜR EIN FIASKO...

NICHT UNBEDINGT.

UND OB...

ES IST DAS ZWEITE MAL, DASS ICH DIESEN ORT VERLASSE, OHNE MEINE AUFGABE ZU ERFÜLLEN!

NICHT GANZ...

BITTE?!

ICH HABE MIR ERLAUBT, EINEN ABSTECHER INS SPRECHZIMMER VON DOKTOR MORTEMANUS ZU MACHEN, BEVOR ICH ZU IHNEN AUFS DACH KAM.

UND ICH HABE DORT ÄUSSERST INTERESSANTE DINGE GEFUNDEN!

OH, MEINE KLEINEN!

KEINE SORGE, ES GEHT IHNEN GUT.

POSTTRAUMATISCHE KATALEPSIE, DER PARASYMPATHIKUS IST OBERFLÄCHLICH BETROFFEN.

DENKEN SIE NICHT, ES IST AN DER ZEIT, DER SACHE EIN ENDE ZU BEREITEN, MORTEMANUS?

GANZ UND GAR NICHT! ICH HABE DIE SITUATION IM GRIFF UND BRAUCHE NIEMANDEN, DER SEINE NASE IN MEINE ANGELEGENHEITEN STECKT, AUCH WENN SIE DER DIREKTOR SIND!

SELTSAM, DIE KINDER STAMMEN ALLE AUS UNTER-SCHIEDLICHEN STÄDTEN.

UND DIE ANORDNUNG DIESER STÄDTE AUF DER KARTE ENTSPRICHT IN ALLEN PUNKTEN DER ANORDNUNG DER KINDER AUF DEM DACH BEI DEN ZEREMONIEN. UND WIE STEHT ES BEI IHNEN?

MANCHE DER MELODIEN, DIE DIE KINDER GESUNGEN HABEN, SIND MIR NICHT UNBEKANNT. WENN ICH SIE IDENTIFIZIEREN KANN, KÖNNTE ICH SIE ENT-SCHLÜSSELN...

LANGSAM LICHTET SICH DER NEBEL. UND EIN WIEDERKEHRENDES MOTIV BEGINNT SICH ABZUZEICHNEN...

WENN WIR WÜSSTEN, WAS SIE BEDEUTEN, WÜRDE UNS DAS SICHER WEITER-HELFEN,...

ICH WILL ERST EINMAL SEHEN,...

... WAS DABEI HERAUSKOMMT,...

... WENN ICH DIESE MERKWÜR-DIGE ZEREMONIE NACHSTELLE.

ERSTAUNLICH,... ALS WÄREN WIR DABEI.

MAN ERWARTET FAST, DASS DIESER SCHEUSSLICHE AGAMEMNON MIT SEINEN FIESEN KÖTERN AUF-TAUCHT!

WAS MICH ANGEHT, BIN ICH NICHT DARAUF ERPICHT, IHN WIEDER-ZUSEHEN.

UND WIE WÄRE ES MIT EINEM KLEINEN AUSFLUG IN DEN WALD?

WAS HABEN SIE DA DRIN?

MEIN GANZES LEBEN.

WILL HEISSEN?

NUN JA, MATERIALIEN, UM PROBEN ZU ENTNEHMEN, MEINE NOTIZEN ÜBER UNSERE LAUFENDEN FÄLLE, COGNAC UND EINEN KLEINEN IMBISS, DEN MIR NÄNNY ZUBEREITET HAT... ICH MEINE, MEINE GOUVERNANTE...

NANNY,... IST JA REIZEND.

ACH, KOMMEN SIE... SIE HABEN DOCH LI, DER IHREN HAUSHALT MACHT! TJA, UND BEI MIR IST ES NANNY, DAS WAR SCHON IMMER SO.

WOHER STAMMT EIGENTLICH DIESER LI?

ER IST EIN EHEMALIGER WAFFENBRUDER MEINES MANNES, DER NACH DESSEN TOD IN MEINEN DIENSTEN BLIEB... ER IST TREU, DISKRET UND TÜCHTIG.

UND WIE HAT LORD POMEROL SIE REKRUTIERT?

SIE SIND GANZ SCHÖN NEUGIERIG, FREUNDCHEN. INTERESSIERT SIE DAS WIRKLICH SO SEHR?

SAGEN WIR MAL, ICH VERSUCHE, DIE BEZIEHUNG ZU MEINER ARBEITSKOLLEGIN ZU VERBESSERN...

NUN GUT, ICH HABE AUF EINE KLEINANZEIGE GEANTWORTET...

UND SIE?

ICH WURDE BEAUFTRAGT, IHN ZU BESEITIGEN, ABER ER HAT MIR MEHR GEBOTEN...

OH,... SIE, EIN AUFTRAGSMÖRDER?

DAS KANN ICH KAUM GLAUBEN.

JA, ICH AUCH NICHT...

ICH GLAUBE, WIR SIND DA...

ALLMÄCHTIGER, WELCH SELTSAMER ANBLICK,... DIESE BÄUME SIND SO ERHABEN, ABER GLEICHZEITIG WIRKT DIE ART, WIE SIE GEWACHSEN SIND, IRGENDWIE BEDROHLICH,...

FINDEN SIE NICHT, ARTEMIS?

ARTEMIS!

WAS IST MIT IHNEN?

ES GEHT SCHON, DANKE,...

WAS HABEN SIE DENN?

ICH WEISS NICHT,... ALS ICH DIE BÄUME BETRACHTETE, HAT EINER VON IHNEN EINE ENTSETZLICHE VISION IN MIR ERZEUGT, UND MIR WURDE SCHWINDELIG.

WELCHER WAR DAS?

UND WAS HABEN SIE GESEHEN?

DIESER HIER, DER GRÖSSTE... ICH SAH, WIE ER DIE KINDER BEDROHTE UND ALTE MENSCHEN, DIE VOR ANGST KREISCHTEN.

24

DAS IST UNGLAUBLICH!

SEINE RINDE GIBT EINE SANFTE WÄRME AB, BEINAHE PULSIEREND... ES KOMMT MIR VOR WIE EIN RHYTHMUS,... ALS WÜRDE EIN HERZ IM INNERN DIESES BAUMES SCHLAGEN,...

UND DANN DIESER GERUCH,... VON ERDE, HOLZ, HARZ UND... BLUT?

JA, DAS IST ES,...

BLUT!

ICH WERDE PROBEN VON ERDE, HARZ UND RINDE NEHMEN UND NACH GIFTIGEN SUBSTANZEN SUCHEN, DIE DIE KINDER KRANK GEMACHT HABEN KÖNNTEN, OBGLEICH DIES DAS VERHALTEN WÄHREND IHRER TRANCE NICHT WIRKLICH ERKLÄREN KANN,...

DIE LUFT KANN ICH NICHT ANALYSIEREN, ABER VIELLEICHT WAR SIE ES, DIE UNWOHLSEIN BEI IHNEN HERVORGERUFEN HAT, ALS SIE DIE LICHTUNG BETRATEN.

NEIN, DAS GLAUBE ICH NICHT,...

ICH WERDE SKIZZEN VON ALLEN BÄUMEN AN DIESEM ORT ANFERTIGEN. IRGENDETWAS AN IHRER POSITION IST MERKWÜRDIG,...

HÖREN SIE DAS AUCH?

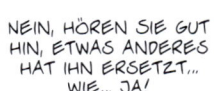

ARTEMIS, FLIEHEN SIE!!

ARTEMIS? WAS HABEN SIE VOR?

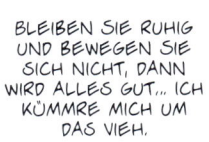

BLEIBEN SIE RUHIG UND BEWEGEN SIE SICH NICHT, DANN WIRD ALLES GUT... ICH KÜMMRE MICH UM DAS VIEH.

SCHÖN BRAV... BRAV...

ROLLEN SIE GANZ LANGSAM ZUR SEITE UND VERSCHWINDEN SIE!

SO IST'S GUT.

ORESTES!

NICHT BEWEGEN! ICH KOMME MIT EINER WAFFE WIEDER, DANN ERLEDIGEN WIR DIESES TEUFLISCHE BIEST MIT MEINER FLINTE.

DAS WIRD NICHT NÖTIG SEIN. SUCHEN SIE EINFACH UNSERE PFERDE, ICH KÜMMRE MICH UM DIESES NETTE HÜNDCHEN.

SO IST'S GUT... BRAVER ORESTES...

27

AH, DA SIND SIE JA ENDLICH! WO WAREN SIE DENN NUR?!

DAS IST DOCH WIRKLICH UNERHÖRT!

WAS GLAUBEN SIE EIGENTLICH, WOMIT DIESES LAND SIE BEZAHLT?

DAS GELD DER STEUERZAHLER DIENT NICHT DAZU, EHRLICHE LEUTE ZU BELÄSTIGEN.

SIE SOLLTEN SICH FÜR EINEN FREUND EINSETZEN, UM IHN VON JEDEM VERDACHT REINZUWASCHEN UND IHN VOR VERLEUMDUNG ZU SCHÜTZEN. STATTDESSEN STÜRZEN SIE SICH AUF IHN, ALS SEI ER EIN VERBRECHER!

UND BETRETEN AUCH NOCH UNERLAUBT PRIVATBESITZ!

WO KOMMEN WIR DA HIN?

WARUM WURDEN DIE ERMITTLUNGEN IM FALL UM DAS VERSCHWINDEN DER KRANKENHAUSANGESTELLTEN UND UNSERES AGENTEN EINGESTELLT?

NOSECROP IST EIN WUNDERLICHER KNILCH. ER KÖNNTE JEDEN TAG WIEDER AUFTAUCHEN. UND DIE ANGESTELLTEN HABEN SICH VIELLEICHT EINE ANDERE ARBEIT GESUCHT.

DEREN KOLLEGEN SAGEN DA ETWAS ANDERES.

UND ALL DAS SCHEINT IHREN FREUND NICHT ZU SCHEREN.

DABEI IST ES GUT MÖGLICH, DASS DIE FÄLLE IRGENDWIE ZUSAMMENHÄNGEN. WER HAT BESAGTE BRIEFE GESCHRIEBEN, UM UNS ÜBER DIE LAGE DER KINDER ZU INFORMIEREN?

DAS IST LÄCHERLICH! WARUM HAT ER MICH DANN GEBETEN, JEMANDEN HINZUSCHICKEN, UM DER SACHE AUF DEN GRUND ZU GEHEN?

EBEN DRUM, NICHT ER WAR ES, DER SIE INFORMIERT HAT. UNSERE GEGENWART SCHEINT IHN AUSSERORDENTLICH ZU STÖREN. ER VERSUCHT EINDEUTIG, UNS VOM KRANKENHAUS FERNZUHALTEN.

UM UNS LOSZUWERDEN, HAT ER DIE ÄRZTLICHE SCHWEIGEPFLICHT DES DOKTORS VORGESCHOBEN, DER VORGIBT, DIE KINDER ZU BEHANDELN. ALLERDINGS HAT MAN EHER DEN EINDRUCK, ALS MÜSSTE ER DRINGEND IN BEHANDLUNG,...

ER DENKT NUR AN SEINE VERÖFFENTLICHUNG IN DER FACHZEITSCHRIFT DER AKADEMIE.

AUSSERDEM HABEN WIR UNS AUF DER LICHTUNG UMGESEHEN, WO DIE KINDER AUFGEGRIFFEN WURDEN. AN DER STELLE WIRD ES WIRKLICH SELTSAM,... ABER WIR BRÄUCHEN NOCH MEHR ZEIT, UM TIEFGRÜNDIGER NACHZUFORSCHEN, BEVOR WIR HYPOTHESEN AUFSTELLEN KÖNNEN. EINES IST ALLERDINGS SICHER: SIE VERSUCHEN, ETWAS VOR UNS ZU VERBERGEN,...

VERSTEHE. NUN GUT, GEHEN SIE AN DIE ARBEIT UND MACHEN SIE VORAN. DIESE SACHE FÄNGT AN, MIR ZU MISSFALLEN. WIR DÜRFEN NICHT RISKIEREN, DASS ES ZU EINEM SKANDAL KOMMT.

ICH WERDE AUF ALLE FÄLLE DIE KÖNIGIN INFORMIEREN.

SEHR SCHÖN, MEINE LIEBE. ICH WERDE MICH INDES UM MEINE PROBEN KÜMMERN. WIR WERDEN HEUTE ABEND VERMUTLICH NICHT GEMEINSAM ESSEN, ODER?

DA WIR VON ZIEHFUSS KEINERLEI INFORMATIONEN BEKOMMEN, WERDE ICH INS ARCHIV DER GRAFSCHAFT GEHEN, UM MEHR ÜBER DAS KRANKENHAUS UND DIESE SELTSAME LICHTUNG HERAUSZUFINDEN,...

WIE JEDEN ABEND,...

31

GUTEN TAG, ICH HÄTTE GERN EINSICHT IN DIE OFFIZIELLEN ARCHIVE DIESER EINRICH-TUNG.

HABEN SIE EINE ERLAUBNIS? DIESE DOKUMENTE SIND NICHT ÖFFENTLICH ZUGÄNGLICH.

AGENT HARTCOURT VOM ÖFFENTLICHEN MINISTERIUM, IM AUFTRAG VON LORD POMEROL PERSÖNLICH.

TISCH ZWÖLF, SEIEN SIE LEISE UND TRÖDELN SIE NICHT, DAS ARCHIV SCHLIESST PUNKT ACHT UHR, WIR TOLERIEREN KEINE ENTGLEISUNGEN. SIE KÖNNEN JETZT GEHEN.

33

SIE SIND ALLE GEGANGEN, OHNE MIR BESCHEID ZU SAGEN... DABEI HATTE DER ARCHINAR DOCH GESAGT, DASS... WAS WAR DAS?

DER WIND...? UND DIESER GERUCH... WIE AUF DER LICHTUNG!

DAS KAM VON DORT. DIESES FLÜSTERN, ALS WÄRE,...

ON NEIN! DAS KANN NICHT SEIN!

34

INTERESSANT...

MAL SEHEN, WAS DAMIT IST?

DAS WÜRDE BEDEUTEN, DASS...

?!

34

DAS IST
UNGLÄUBLICH!

ES WAR
DIE GANZE
ZEIT DIREKT
VOR UNSEREN
AUGEN...

SCHON EIN UHR!
ICH MUSS ARTEMIS
BESCHEID
SAGEN.

ICH HOFFE,
SIE FASST ES
NICHT FALSCH AUF,
DASS ICH SIE MITTEN
IN DER NACHT AUF-
SUCHE...

WAS IST
DAS FÜR EIN
GERUCH...?
RIECHT FAST
WIE...

EINE MEINER
KULTUREN SCHEINT
DENSELBEN DUFT
ABZUSONDERN WIE
AUF DER LI...

PAF

35

NA, DAS WURDE ABER AUCH ZEIT! ICH DACHTE SCHON, SIE WÜRDEN GAR NICHT MEHR AUFWACHEN. ZUM GLÜCK HAT ES ANGEFANGEN ZU REGNEN, SONST WÄREN SIE DIE GANZE NACHT BEWUSSTLOS GEBLIEBEN.

ARTEMIS?

GRUNDGÜTIGER, WAS FÜR EIN GESTANK! WO SIND WIR HIER?

GANZ OFFENSICHT-LICH IN EINEM BRUNNEN.

WURDEN SIE ZUHAUSE GESCHNAPPT?

NEIN, ICH HABE NOCH UM EIN UHR NACHTS IM MINISTERIUM GEARBEITET. UND SIE?

UM MITTER-NACHT IM ARCHIV. AUCH BEI DER ARBEIT.

36

SIE SIND LANG GEBLIEBEN. HABEN SIE ETWAS ENTDECKT, FÜR DAS ES SICH LOHNTE ZU BLEIBEN?

KANN MAN SO SAGEN, JA...

STELLEN SIE SICH VOR, DIE LICHTUNG, AUF DER MAN DIE KINDER FAND, WURDE ERST IM LETZTEN JAHR VOM KRANKEN-HAUS ERWORBEN.

UND DIE GESCHICHTE DIESER LICHTUNG IST ÄUSSERST INTERESSANT.

ERZÄHLEN SIE, DANN VER-GEHT DIE ZEIT SCHNELLER.

IM ERSTEN JAHRHUNDERT VOR CHRISTUS WAR DIESER ORT SCHAU-PLATZ EINES MASSAKERS VON DRUIDEN DURCH RÖMISCHE INVASOREN, DIE DAMALS DIE VORHERRSCHAFT HATTEN.

SO SELTSAM ES AUCH KLINGEN MAG, ICH HÄTTE IM ARCHIV WIEDER EINEN SCHWINDELANFALL, WIE AUF DER LICHTUNG, NUR HÄTTE ICH DIESMAL EINE VISION VON FLEHENDEN GREISEN-GESICHTERN, DIE MICH UM HILFE BATEN.

GREISE, DIE SEHR AN DRUIDEN ERINNERTEN UND DIE ZU MIR SPRACHEN... ICH BIN MIR GANZ SICHER.

UND WAS SAGTEN SIE?

ICH GLAUBE, EINER VON IHNEN BAT MICH ZU VERHINDERN, DASS WER AUCH IMMER VON WER WEISS WO ZURÜCKKEHRT. SIE WIRKTEN WIRKLICH VERZWEIFELT! DAS ALLES KOMMT IHNEN BESTIMMT ALBERN VOR...

... NICHT WAHR?

ALSO, MIR IST ES GELUNGEN, EINEN TEIL DES SINGSANGS ZU ENTSCHLÜSSELN, DEN DIE KINDER WÄH-REND IHRER NÄCHT-LICHEN TRANCE SUMMTEN.

WIRKLICH? ERZÄHLEN SIE.

13.   37

MIR SIND EINIGE BEGRIFFE EINER SEHR ALTEN SPRACHGESTALT AUFGEFALLEN, DIE DEM PRÄ-GERMANISCHEN GÄLISCHEN ÄHNELT, DAS MAN NOCH VOR DER INVASION DER RÖMER SPRACH. DARAUFHIN HABE ICH MIR TEXTE, DIE IN DIESER BESONDEREN SPRACHFORM ABGEFASST WAREN, GENAUER ANGE-SEHEN.

BEI MEINEN NACH-FORSCHUNGEN STIESS ICH DANN AUF EINE URALTE VORCHRISTLICHE ABHANDLUNG ÜBER THEOLOGIE, IN DER ICH BESCHWÖRUNGSFORMELN FAND, UM DIE ALTEN GÖTTER DER ERDE AUS DEN TIEFEN, IN DENEN SIE SICH VERBERGEN, AUFERSTEHEN ZU LASSEN. UND DIE KRÖNUNG: DERJENIGE, DER SIE ZURÜCK-HOLT, KANN MACHT ÜBER SIE AUSÜBEN.

DAVOR WOLLTEN SIE UNS ALSO WARNEN.

UND DAS IST NOCH NICHT ALLES... DIE PROBEN, DIE ICH VON DEN BÄUMEN ENTNAHM, HABEN AUCH SEHR SELTSAME DINGE OFFENBART.

WAS GENAU?

ICH HABE BLUT IM HARZ GEFUNDEN UND MENSCHLICHES ZELL-GEWEBE IN DER RINDE.

UND DIE ERDE, DIE WIR AM FUSSE DER BÄUME AUFGE-SAMMELT HABEN, GIBT EINE ENERGETISCHE STRAHLUNG VON UNGLAUBLICHER INTENSITÄT AB.

GENAU WIE DIESER REGEN. ICH HABE NICHT DEN EIN-DRUCK, DASS ER BALD AUFHÖRT. ES WIRD UNS NOCH ÜBEL ERGEHEN, WENN WIR NICHT BALD VERSUCHEN, HIER RAUSZUKOMMEN.

SEHR SCHARFSICHTIG, AUCH WENN ICH NICHT WIRKLICH WEISS, WAS WIR TUN KÖNNTEN, SO ZUGESCHNÜRT, WIE WIR SIND...

ICH WEISS NICHT...

LASSEN SIE MICH NACH-DENKEN...

ABER BITTE NICHT ZU LANGE, DENN DER WASSERSPIE-GEL MACHT UNER-FREULICHERWEISE DEN EINDRUCK, ALS WÜRDE ER SEHR SCHNELL AN-STEIGEN...

SIE HABEN RECHT, ABER... MOMENT MAL...

DA SCHWIMMT ETWAS AUF DER WASSEROBER-FLÄCHE!

13. 38

40

42

ARTEMIS?

JA?

DASS MAN UNS NICHT MIT DEM GESICHT ZUEINANDER GEFESSELT HAT. DANN HÄTTE ICH SIE KÜSSEN KÖNNEN, BEVOR ICH STERBE,... ICH LIEBE SIE, ARTEMIS.

ICH WOLLTE IHNEN SAGEN,...

JA?

ES IST NICHT EINFACH BEI DIESEM NICHT AUFHÖREN WOLLENDEN REGEN, ABER BEVOR WIR ÜBERFLUTET WERDEN, WOLLTE ICH IHNEN SAGEN, DASS ICH IN MEINEM GANZEN LEBEN NUR EINE SACHE BEDAURE,...

ACH JA? UND WELCHE?

ICH SIE AUCH, KASIMIR,...

ZUMINDEST STERBEN WIR GEMEINSAM,... NUN HEISST ES ABSCHIED NEHMEN.

JA,...

HAAA!

43

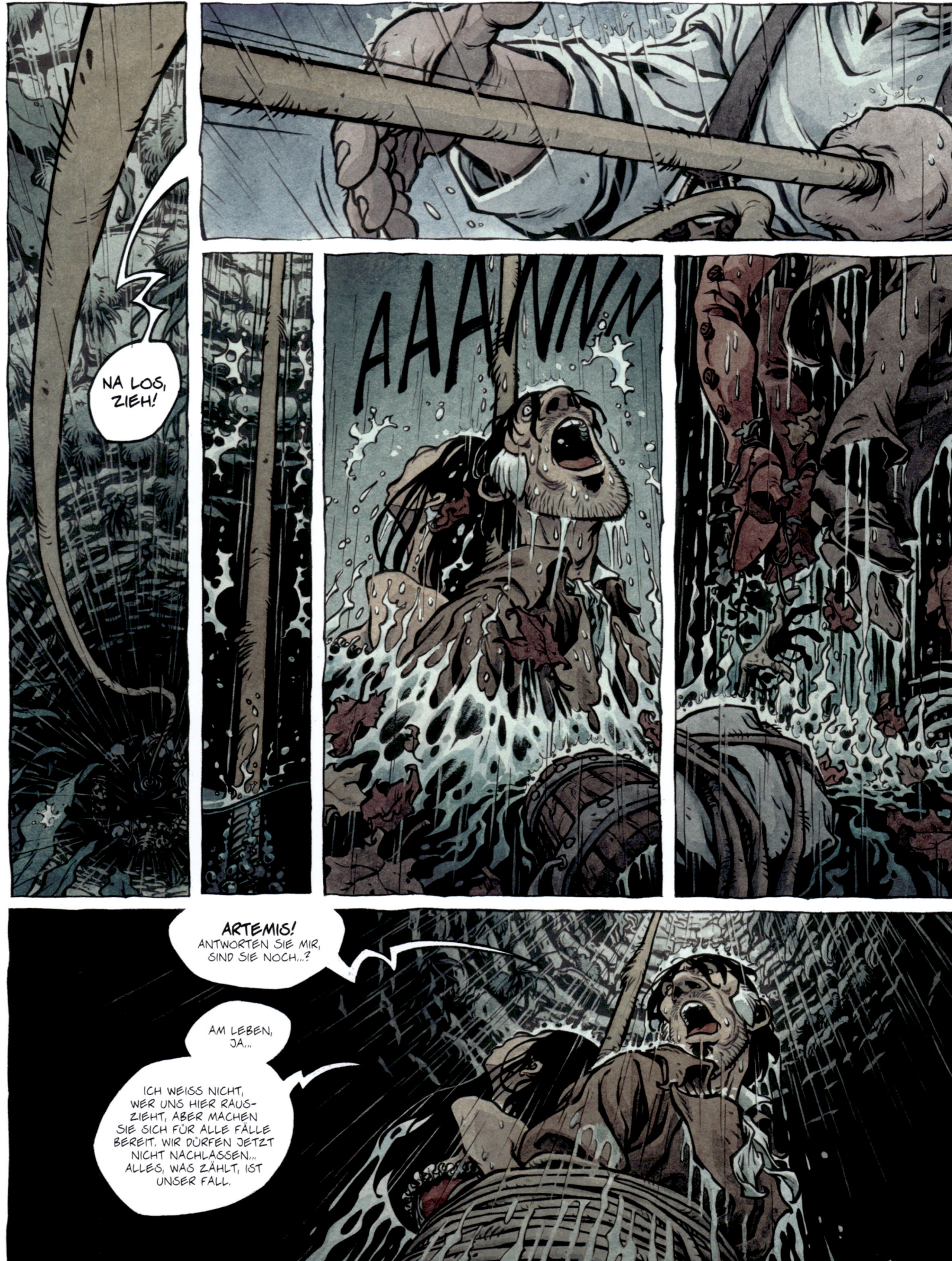

44

43

HIER, TRINKEN SIE, SOLANGE ES HEISS IST. SIE SIND SICHER VÖLLIG DURCHGEFRORE BURROUGHS KÜMMER SICH UM IHRE SACHEN.

SIE SIND MEINE LETZTE CHANCE, UM SIE ZU RETTEN. WENN WIR NICHTS TUN, WERDEN IHRE SEELEN DER EWIGEN VERDAMMNIS ANHEIM-FALLEN!

SIE KÖNNEN AUF UNS ZÄHLEN, WILMA. ABER SIE MÜSSEN UNS DIE GANZE GESCHICHTE ERZÄHLEN. VON DEN ERMORDETEN DRUIDEN WISSEN WIR BEREITS, JEDOCH NICHT, WAS SIE MIT DEN KINDERN UND DEM KRANKEN-HAUS ZU TUN HABEN. SIE MÜSSEN UNS AUFKLÄREN.

JA, ICH WERDE IHNEN ALLES ERKLÄ-REN. ZIEH SCHÖN DIE SACHEN GLATT, BEVOR DU SIE AUFHÄNGST, BURROUGHS.

ALSO, AN ALL DEM IST EIN DRUIDE NAMENS CLADFET SCHULD...

44

DIESER DRUIDE HATTE SICH VON DEN RÖMISCHEN INVASOREN BESTECHEN LASSEN. IM AUSTAUSCH GEGEN EINE VILLA MIT THERMALBAD OFFENBARTE ER IHNEN DIE DUNKLEN GEHEIMNISSE SEINER BRUDERSCHAFT UND ERMÖGLICHTE IHNEN SO, DAS LAND ZU EROBERN UND EINE SCHRECKENSHERRSCHAFT ZU ETABLIEREN!

DAS DUNKELSTE ALLER GEHEIMNISSE WAR DIE BESCHWÖRUNG DER VERGESSENEN GÖTTER AUS ALTER ZEIT, ALS DIE MENSCHEN DEREN SKLAVEN WAREN. DIESE BESCHWÖRUNG HÄLT SIE NOCH HEUTE IN DEN TIEFEN DES WALDES GEFANGEN, DER UNS UMGIBT.

DER ABTRÜNNIGE HATTE IHNEN VERSPROCHEN, DASS DIE BEFREITEN GÖTTER IHRE WÜNSCHE ERFÜLLEN UND DEN RÖMISCHEN PRIESTERN FÜR IMMER GEHORCHEN WÜRDEN...

DIE DRUIDEN WEIGERTEN SICH STANDHAFT UND WARNTEN DIE PRIESTER VOR DIESEM IRRSINN, DER UNKONTROLLIERBARE KRÄFTE FREISETZEN WÜRDE!

DIE RÖMER, DIE SIE BEREITS ÜBER VIELE STUNDEN GEFOLTERT HATTEN, METZELTEN SIE BRUTAL NIEDER.

DOCH BEVOR SIE STARBEN...

... STIMMTEN DIE DRUIDEN EINEN HEILIGEN GESANG AN, UM IHRE SCHRECKLICHEN GEHEIMNISSE TIEF IN IHREM INNERN ZU VERGRABEN UND MIT IN DEN TOD ZU NEHMEN. SO VERHINDERTEN SIE, DASS DIE GÖTTER ZURÜCKKAMEN UND DAS LAND HEIMSUCHTEN, DAS SIE IN DIE TIEFEN DER HEILIGEN ERDE VERBANNT HATTE.

45

MIT DEN DRUIDEN VERSCHWANDEN DIE GEHEIMNISSE IHRER TAUSENDJÄHRIGEN RITEN.

UND CLADFET VERLOR SEINEN KOPF!

SHAAK...

DIE DRUIDEN WURDEN HASTIG AUF DER LICHTUNG BEGRABEN, DIE IHNEN BEREITS BEKANNT IST...

VOR CLADFETS AUGEN, DESSEN KOPF MAN ZURÜCKLIESS, UM LEICHTSINNIGE DAVON ABZUHALTEN, DIESEN VERFLUCHTEN ORT AUFZUSUCHEN!

IN WENIGER ALS EINEM JAHR WUCHSEN SIE SO SCHNELL, DASS SIE DIE HÖCHSTEN WIPFEL DES WALDES ÜBERRAGTEN...

ES HEISST, DASS DIE BÄUME, DIE AUF DEN GRÄBERN WUCHSEN, DIE GEISTER DER DRUIDEN IN SICH TRAGEN...

DOCH ES WAREN KEINE GEWÖHNLICHEN BÄUME...

ABER WAS HAT DAS MIT DEN KINDERN ZU TUN, AUSSER DASS SIE DORT GEFUNDEN WURDEN?

DIE ARMEN KLEINEN SIND UNSCHULDIG... SIE SIND NUR DIE WERKZEUGE EINES TEUFLISCHEN PLANS, UM DIE DRUIDEN UND DEREN GÖTTER AUS DEN TIEFEN DER HÖLLE WIEDERAUFSTEHEN ZU LASSEN!

ICH VERSTEHE DAS NICHT... WER HAT INTERESSE DARAN, DASS DIESE KREATUREN ZURÜCKKOMMEN?

DIESE BÄUME SIND RIESIG GEWORDEN, UND EBENSO VERKRÜMMT WIE DIE DRUIDEN, DIE AUF DER LICHTUNG ERMORDET WURDEN, UND WIE DIE GÖTTER, DIE IM BODEN DIESES VERFLUCHTEN ORTES GEFANGEN SIND!

SIE SIND GANZ SCHÖN NAIV, MISTER DUPREY. WENN ES UM MACHT GEHT, IST DIE MENSCHLICHE SEELE SO SCHWARZ WIE TINTE UND ZU ALLEM BEREIT, UM SIE AN SICH ZU REISSEN.

SEIT DOKTOR MORTEMANUS ZUFÄLLIG DEN SCHÄDEL DES DRUIDEN CLADFET BEI SEINEN FORSCHUNGEN AUF DER LICHTUNG AUSGRUB, IST ER VON DESSEN VERDORBENEM GEIST BESESSEN!

ER LEHRTE IHN DIE BESCHWÖRUNGEN, UM DIE KRÄFTE DER DRUIDEN AUF UNSCHULDIGE KINDER ZU ÜBERTRAGEN UND SIE ZU ZWINGEN, DAS RITUAL FÜR DIE RÜCKKEHR DER GÖTTER DURCHZUFÜHREN,...

DIE ABSCHLUSS-ZEREMONIE WIRD HEUTE NACHT AUF DER LICHTUNG STATTFINDEN, DORT HABEN SIE SIE HINGEBRACHT. WENN WIR SIE NICHT AUFHALTEN, SIND DIE SEELEN DIESER ARMEN KINDER ZU EWIGER VERDAMMNIS VERURTEILT!

UND DAS SCHLIMMSTE KOMMT NOCH,... WENN DIE VERGESSENEN GÖTTER AUF DIE ERDE ZURÜCKKEHREN, WERDEN SIE UNS FÜR IHR EXIL BESTRAFEN, INDEM SIE CHAOS UND SCHRECKEN ÜBER UNS BRINGEN!

ICH MUSS DOCH SEHR BITTEN, MIT EINER LUNGENENTZÜNDUNG HAT NOCH KEINER DIE WELT GERETTET.

HOFFENTLICH KOMMEN WIR NICHT ZU SPÄT, UM SIE AUFZUHALTEN.

HÄTTEN SIE SICH EIN BISSCHEN SCHNELLER UMGEZOGEN, DANN WÄRE DIE SACHE LÄNGST GEREGELT. ABER DIE KLEIDUNG DES HERRN WAR JA NOCH NICHT VÖLLIG TROCKEN...

HIER IST NIEMAND MEHR. WIR KOMMEN ZU SPÄT. SIE HABEN DIE KINDER BEREITS WEGGEBRACHT.

WIR MÜSSEN ZUR LICHTUNG!

HALT!

UND?

IRGENDWAS STIMMT DA NICHT. WARUM SOLLTE DOKTOR MORTEMANUS DIE GANZE ZEIT DARAUF AUS SEIN, ERGEBNISSE UND BEOBACHTUNGEN ZU VERÖFFENTLICHEN, BEI DENEN ER SICH AUF DIE WISSENSCHAFT BERUFT UND SPIRITUELLES ABLEHNT, UM DANN AN EINEM HEIDNISCHEN RITUAL TEILZUNEHMEN? UND AUF MICH WIRKTEN SEINE WORTE AUFRICHTIG.

WENN SIE RECHT HABEN, MÜSSTE ER NOCH IN SEINEM LABOR SEIN. ER KANN UNS SICHER HELFEN, DIE KINDER ZU RETTEN. KOMMEN SIE!

50

DOKTOR MORTEMANUS!

MMMUMPFF!

ER WINDET SICH WIE EINE MADE!

HALTEN SIE STILL, SONST KÖNNEN WIR SIE NICHT...

DIE KINDER! SIE HABEN DIE KINDER MITGENOMMEN! DIESE STROLCHE! KEIN RESPEKT VOR DER WISSENSCHAFT! ERBÄRMLICHE IDIOTEN! DIE HABEN MICH HINTERGANGEN, ABER DENEN WERD ICH'S ZEIGEN! AM ENDE SIEGT IMMER DIE WISSENSCHAFT! ICH WERDE IHNEN,...!

HHMMPF,...!

HÖREN SIE, DOKTOR. WIR WISSEN, DASS DIE KINDER ZUR LICHTUNG DER DRUIDEN GEBRACHT WURDEN, UM ALS EMPFÄNGER FÜR DIE TEUFLISCHEN KRÄFTE DER ALTEN GÖTTER ZU DIENEN, DIE DIREKTOR ZIEHFUSS BESCHWÖREN WILL.

SIND SIE IMSTANDE, UNS ZU HELFEN, DIESEN IRRSINN ZU BEENDEN, DER UNS ALLE VERNICHTEN KANN, JA ODER NEIN?

EIN EINZIGES WORT REICHT.

JA.

UND AUSSERDEM WERDE ICH DENEN ZEIGEN, DASS DIE WISSENSCHAFT MÜHELOS ALLE MÖCHTEGERNDÄMONEN BESIEGT,...

ICH WAR NÄMLICH ALLES ANDERE ALS UNTÄTIG IN ALL DER ZEIT...

ES WAR MIR EIN LEICHTES, DEN FREQUENZBEREICH DER VIBRATIONEN ZU ISOLIEREN, DEN DER GESANG DER KINDER VERURSACHTE... UND DIE ERGEBNISSE MEINER VERÖFFENTLICHUNG ÜBER DIE MESSUNG TELLURISCHER WELLEN WERDEN DIE WELT DER WISSENSCHAFT ERSCHÜTTERN UND MICH BERÜHMT MACHEN!

SIND SIE SICH IHRER SACHE GANZ SICHER, DOKTOR MORTEMANUS?

WER KANN NOCH AN MEINEM WISSENSCHÄFTLICHEN GENIE ZWEIFELN?

WAS MICH STÖRT, IST, DASS ICH KEIN SUBJEKT MEHR HABEN WERDE, UM MEINE EXPERIMENTE DURCHZUFÜHREN, WENN ICH DIESEM HOKUSPOKUS EIN ENDE BEREITE...

SIE MACHEN WOHL WITZE?

SIE KÖNNEN IHRE EXPERIMENTE IMMER NOCH AN SICH SELBST DURCHFÜHREN, VIELLEICHT GELINGT ES IHNEN JA, SICH ZUM SCHWEIGEN ZU BRINGEN...

REISSEN SIE SICH BITTE ZUSAMMEN, WILMA. SIE FESSELN SIE OFFENSICHTLICH AN DIE BÄUME, DI IHRER POSITION WÄHREND DER TRANCE ENTSPRECHEN JEDES KIND IST AN EINEN BESTIMMTEN DRUIDEN GEBUNDEN.

DA SIND DIE KINDER! OH MEIN GOTT, NEIN, WAS MACHEN DIE DENN DA?

ICH DENKE, WIR KÖNNEN BEGINNEN. HABEN SIE IHNEN DIE VORGESCHRIEBENE DOSIS AN BERUHIGUNGSMITTEL VERABREICHT, AGAMEMNON?

NATÜRLICH. DAS TIER HEISST ORESTES, UND WIE JEDER WEISS, IST IN DER »ILIAS« ORESTES DER SOHN AGAMEMNONS. SO IST MIR KLAR GEWORDEN, DASS DIE DIE LICHTUNG DURCHSTÖBERT HATTEN.

DER HUND! DAS IST DER KÖTER, DER UNS HIER ANGEGRIFFEN HAT, ER GEHÖRT AGAMEMNON...

13.

50

WIRD ES NICHT HÖCHSTE ZEIT, IHRE MASCHINE ANZUWERFEN, DOKTOR MORTEMANUS? WO WOLLEN SIE SIE AUFSTELLEN?

SIE HABEN RECHT, DIE ZEIT DRÄNGT. DIE ZEREMONIE WIRD BALD BEGINNEN. WILMA, ICH BRAUCHE IHREN BRUDER, UM MEINEN DEFLEKTOR AUFZUBAUEN.

ARTEMIS, WAS WIR EINANDER IM BRUNNEN GESAGT HABEN,... ICH DENKE, NUN JA,...

DIES IST NICHT DER RICHTIGE AUGEN-BLICK, MEIN LIEBER.

ALLES IST BEREIT, DAS HEILIGE RITUAL KANN NUN VOLLZO-GEN WERDEN. TUN WIR, WORUM UNS DIE GÖTTER GEBETEN HABEN.

MÖGE DER VERGESSENE GESANG ERNEUT ERKLINGEN, MÖGE DER RUF DER MEN-SCHEN ERHÖRT WERDEN,...

... UND MÖGE DIE STUNDE DER GÖTTER ERNEUT IHREN RUHM AUF DIESER ERDE EINLÄUTEN!

51

53

KOMMT ZU MIR!

GÖTTER AUS DEN TIEFEN, ZEIGT EUCH! GÖTTER DER ALTEN WELT, KOMMT UND NEHMT EUCH, WAS EUCH ZUSTEHT. KOMMT ZURÜCK AUF DIESE ERDE...

... DEREN HERR ICH SEIN WERDE! EUER HERR!

SO, ALLES IST BEREIT.

WORAUF WARTEN SIE DANN NOCH? NA LOS, SCHALTEN SIE IHRE MASCHINE EIN, BEVOR DIE DÄMONEN AUS DER ERDE KOMMEN UND DIE KINDER MITNEHMEN. WIR HABEN KEINE SEKUNDE ZU VERLIEREN.

GANZ BESTIMMT NICHT.

BITTE WAS?

DER ZYKLUS MUSS BIS ZU ENDE GEFÜHRT WERDEN, UM IHN UMZUKEHREN. ICH KANN IHN WÄHREND SEINES VERLAUFS NICHT UNTER-BRECHEN.

ERHEBT EUCH! ERHEBT EUCH UND UNTERWERFT EUCH!

52

DER GESANG WURDE ERHÖRT. HIER SIND WIR.

WER RUFT UNS?

AH, IHR SCHEINT NICHT ERFREUT ZU SEIN. ALSO, ÄHM,.. ICH,.. ICH,.. DIE KINDER! DIE KINDER WÄREN ES, DIE EUCH MIT IHREM GESANG ZURÜCKHOLTEN.

ICH WOLLTE DAS NICHT, ABER SIE HABEN MICH GEZWUNGEN, DIESE VERDAMMTEN BESCHWÖRUNGSFORMELN ZU LESEN! SONST HÄTTE ICH ES NIE GEWAGT, EUCH ZU STÖREN, DAS KÖNNT IHR MIR GLAUBEN,..

DANN SOLLEN SIE STERBEN!

UND ALLE MENSCHEN MIT IHNEN! DANN HABEN WIR ZUMINDEST UNSERE RUHE...

MORTEMANUS! WIR MÜSSEN ETWAS TUN!

SOFORT!

BURROUGHS, JETZT SIND SIE DRAN!

54

56

RUMMBLLL

WAS
GESCHIEHT
HIER?

DER GESANG
HAT AUFGEHÖRT UND
HÄLT UNS NICHT MEHR
AUF DER ERDE FEST...

KOMMEN
SIE, ARTEMIS,
ES WIRD ZEIT, SIE
ZU BEFREIEN.

NEIN, NOCH NICHT!
WIR MÜSSEN WARTEN,
BIS DER UMGEKEHRTE
GESANG DIE GÖTTER
ENDGÜLTIG IN IHR
UNTERIRDISCHES
REFUGIUM ZURÜCK-
GESCHICKT HAT.

13. 55

DU! DU WARST ES, DER UNS IN DIE FALLE GELOCKT HAT UND NICHT DIE KINDER, DU GOTT-LOSER DRECKSACK!

ABER NEIN, KEINESFALLS! SIE HABEN DAS ALLES AUS-GEHECKT! SIE SEHEN NUR UNSCHULDIG AUS, ABER IN WAHRHEIT SIND SIE ECHTE MONSTER, DIE...

KLAPPE!

SCHNAPPT SIE EUCH ALLE!

NEEIINNN

59

KOMMEN SIE, JETZT HAT DER SPUK EIN ENDE.

MEINE KLEINEN! SIND SIE...?

DANKE... OH WUNDER, ER MACHT SCHON DIE AUGEN AUF!

NEIN, SIE SIND NUR OHNMÄCHTIG. NEHMEN SIE IHN MIR AB, BURROUGHS, ICH WERDE DIE ANDEREN LOSMACHEN.

ZURÜCK MIT IHNEN...

ICH MUSS AUF DER STELLE EINE UNTERSUCHUNG VORNEHMEN, UM DEN RESTANTEIL DER INVERTIERTEN TELLURISCHEN STRÖMUNGEN ZU MESSEN, DIE...

NEIN, AUF KEINEN FALL. SIE MÜSSEN SICH AUSRUHEN, BEVOR SIE...

!!

KRRRR

MORTEMANUS, WAS IST PASSIERT?

NUN JA, ICH WEISS NICHT RECHT. DAFÜR MÜSSTE ICH DAS RAUM-ZEIT-GEFÜGE ANALYSIEREN UND...

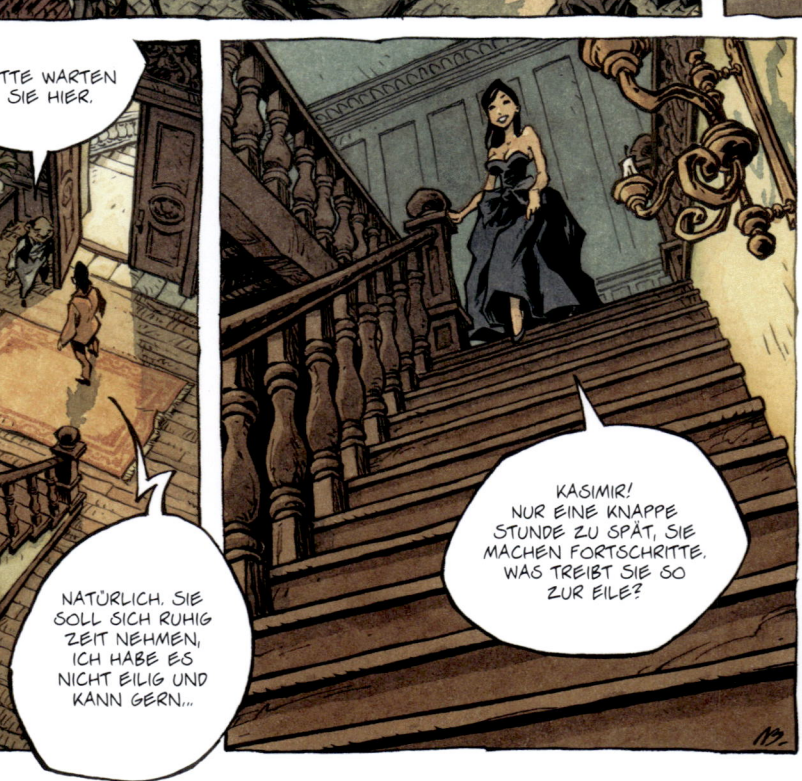